tredition®

www.tredition.de

AF204340

Spielen mit Kindern

Spiele für Kinder
von 1 bis 6 Jahren

HANDBUCH

Herausgeber: © 2020 ElternLeben.de

Verlag & Druck: tredition GmbH
Halenreie 40-44, 22359 Hamburg

ISBN

Paperback: 978-3-347-11294-0

ÜBER ELTERNLEBEN.DE

ElternLeben.de ist ein digitales Angebot für alle Mütter und Väter. Die Online-Plattform begleitet Eltern in den verschiedenen Phasen von der Schwangerschaft bis zum Teenageralter ihrer Kinder. Sie bietet einen großen **Wissensbereich** („Elternwissen"), der Artikel, Tipps, Interviews, Videos und vieles mehr verfügbar macht. Diese Inhalte werden von Experten aus unterschiedlichen Fachrichtungen verfasst. Hier fließt Expertise und Erfahrungswissen zusammen. In der **Online-Beratung** werden Eltern zu allen Eltern-Themen von Fachleuten schnell und professionell beraten. Der Bereich **Angebote vor Ort** verbindet Eltern mit lokalen Angeboten (Kurse, Beratung etc.) ganz in ihrer Nähe. Eine **Community** und der Aufbau des Bereichs **Häufig gestellte Elternfragen** runden das Gesamtangebot der Plattform ab. **www.elternleben.de** ist ein digitales Angebot der gemeinnützigen wellcome gGmbH mit Hauptsitz in Hamburg. Der Erlös der Handbücher kommt ausnahmslos der gemeinnützigen Arbeit zugute.

ÜBER DIE AUTORIN

Petra Engelsmann ist Expertin zu den Themen **Krippen- und Kita-Zeit**. Sie beantwortet Fragen in der Online-Beratung von ElternLeben.de und schreibt Artikel für den **Wissensbereich** („Elternwissen"). Als langjährige Einrichtungsleitung von Kitas kennt sie den Tagesablauf von Krippe und Kita genauso wie die Bedürfnisse von Kindern in der Fremdbetreuung und die Wünsche und Ängste von Eltern. Als Mutter zweier Söhne ist ihr der Spagat zwischen Beruf und Familie vertraut. Sie möchte Eltern darin stärken, ihren individuellen familiären Weg zu gehen. Sie ist u.a. als Referentin für pädagogische Themen und Erziehungsfragen im Haus der Familie in Stuttgart, als Dozentin in der Ausbildung zur pädagogischen Fachkraft und als Beraterin in Stuttgart tätig.

Inhaltsverzeichnis

EINLEITUNG

„Spielen, ich will spielen!" lautet ein häufig gebrauchter Ausruf von Kindern. Spielen, entdecken, experimentieren, erforschen – ja, und auch ganz viel lernen. Das alles und noch viel mehr steckt im Spiel. Über das kindliche Spiel, den darin enthaltenen Sinn und Lerneffekt und die tiefere Bedeutung vom gemeinsamen Spiel, berichtet dieses Handbuch. Es nimmt euch mit vielen praktischen Beispielen zum Nachspielen hinein in die Welt des Spiels eures Kindes / eurer Kinder. Geht auf Entdeckungsreise in das kindliche Denken und „Die-Welt-entdecken". Die Spielideen sind nach Alter geordnet.

Wir wünschen euch viel Spaß beim Ausprobieren!

Euer ElternLeben.de-Team

1. KAPITEL – DIE BEDEUTUNG DES SPIELS

„SPIEL ist die höchste Form der Kindesentwicklung" Diese Erkenntnis hatte Friedrich Fröbel (1782 - 1852) zu einer Zeit, in der die Autoritäre Erziehung und die Kinderarbeit bei uns noch gang und gäbe war. Als Begründer des Kindergartens erkannte Friedrich Fröbel, was bis heute seine Gültigkeit beibehalten hat:

Das Spiel des Kindes bildet die Basis für alles, was es sich aneignet. So ist auch das sogenannte „freie Spiel", in dem sich das Kind wirklich mit dem beschäftigt, was seinen Interessen entspricht, mit das Grundlegendste, was Kinder in ihrer Entwicklung brauchen. Denn genau dabei sind sie selbst diejenigen, die ausprobieren, in andere Rollen schlüpfen, beobachtetes Verhalten nachahmen und sich durch eigenes Experimentieren die Welt aneignen.

Um selbstvergessen spielen zu können, brauchen Kinder als Basis eine sichere Bindung. Ob zu den Eltern, den pädagogischen Fachkräften in der Krippe und in der Kita, zu Oma und Opa und natürlich auch zwischen den Kindern. Die Sicherheit, angenommen zu sein und dazuzugehören, ist eine Grundvoraussetzung für bindungsstarke Spielsituationen, in denen Kinder sich ihre Umwelt erschließen, sich im Spiel erproben können und schlussendlich für ihr Leben lernen.

Das kindliche Spiel

Ab dem Säuglingsalter interessieren sich Kinder für ihre Umwelt. Sie beginnen, das umliegende Spielzeug zu greifen und in ihren Händen hin und her zu drehen. Oftmals wird das Spielzeug auch mit dem Mund erforscht. Bereits hier können wir als Eltern beobachten, dass unser Kind sich sein Lieblingsspielzeug selbst aussucht. Reichen wir unserem Kind etwas, das es nicht haben möchte, zeigt es uns dies deutlich. Wird aus dem Säugling ein Krippen- und dann ein Kindergarten-Kind, bleibt die Freiwilligkeit bzw. die Selbst-Tätigkeit des Spiels weiterhin bestehen. Je älter die Kinder werden, umso autonomer bzw. selbstbestimmter sollten sie auch ihre Spielpartner und ihre Spielthemen frei wählen dürfen. Kinder brauchen die Chance, sich selbst in bereits bestehende Spiele einzuklinken und selbst eigene Spielsequenzen initiieren zu können. In der Fachwelt werden rund 16 Spielformen unterschieden. Da gibt es die klassischen Regelspiele, Aggressionsspiele (damit sich die Kinder austoben) Bewegungsspiele, gruppendynamische Spiele, Rollenspiele, Konstruktionsspiele, Produktionsspiele zum Gestalten, das Freispiel, Theater-, Märchen und Schattenspiele, Fingerspiele, Entdeckungs- und Wahrnehmungsspiele, Musikspiele, Handpuppen- bzw. Marionettenspiele und Bau-Spiele[1]. Je mehr Kinder die unterschiedlichsten Spielformen kennenlernen, umso größer ist ihr Spiel- und damit auch ihr Lernpotenzial. Egal, für welches Spiel sich Kinder entscheiden – jedes Spiel hat seinen eigenen Sinn für das jeweilige Kind. So ist es beim Bauen von Türmen mit Holzklötzen mal die Statik, die ein Kind begeistern kann, einem anderen Kind sind die Formen des Turms wichtiger und wieder andere beobachten das Einstürzen des Turmes. So ist auch für jedes Kind der Lerninhalt ein anderer. In der Dynamik des Spiels entstehen immer neue Spielformen. So kann eine Gruppe von Kindern bei einem Thema starten und bei einem ganz anderen Thema ihr Spiel beenden. Für ein Spiel ist auch immer die Interaktion zwischen verschiedenen Spielpartnern ein wichtiger Faktor. Der Dialog über das Spiel und die Idee, was es im Spiel zu erleben gilt, prägen die Handlungen. Für uns Erwachsenen ist es dafür wichtig, sich auf die Spielideen unserer Kinder einzulassen.

BEISPIELE:

Lernerfahrung: Rhythmus – Dialog mit Bezugsperson

Der Säugling greift sich seine Rassel. Er dreht sie in den Händen und prüft mit dem Mund, wie sich die Rassel anfühlt. Er schüttelt sie und hört aufmerksam zu. Nach und nach ändert der

Säugling den Rhythmus. Dieses Spiel kann von einer Bezugsperson (Mutter, Vater, Oma...) verbal begleitet werden.

Lernerfahrung: Erste Erfahrungen in Statik, Höhe und Mengen

Das 1 ½-jährige Kind greift nach den Bauklötzen und stapelt diese. Immer wieder wird der fertige Turm umgeworfen. Das Kind freut sich und beginnt sein Spiel von vorn.

Erste Erfahrungen in der Mengenlehre, soziale Kompetenzen durch das Rollenspiel

Das 2- bis 3-jährige Kind füllt einen Korb mit Schüsseln und holt sich die gesammelten Kastanien dazu. Es füllt die Schüsseln, rührt, schüttet um und erzählt dazu, dass es kocht.

Lernerfahrung: Das Kind testet sich selbst. Wie weit kann ich springen? Mit welcher Sprungtaktik komme ich weiter?

Ein 4-jähriges Kind springt wieder und wieder von einer kleinen Mauer herunter. Hierbei dreht es sich nach dem Sprung immer wieder um und schaut, wie weit er diesmal gekommen ist.

Lernerfahrung: Hier üben die Kinder, zu warten. Sie lernen, sich an Regeln zu halten, und sie lernen den Würfel und die Würfelzahlen kennen. Zusätzlich lernen sie, wie es ist, zu gewinnen oder zu verlieren.

Fünfjährige Kinder spielen gemeinsam ein Brettspiel. Dazu müssen sie würfeln, sich abwechseln und die Regeln einhalten.

Lernerfahrung: In diesem Rollenspiel sind die Kinder in der Interaktion. Sie erfahren verschiedene Rollen und schaffen ein

gemeinsames Spiel durch Kommunikation. Hierbei üben sie sich in Partizipation und Gerechtigkeit.

Sechsjährige Kinder spielen im Garten „Baustelle". Es gibt ein Kind, das den anderen Kindern sagt, was sie tun sollen. Es gibt Diskussionen um Arbeitsverteilungen, Aufgaben und Spielvorstellungen.

Spielen ist nicht gleich Spielen – Smartphone, „Lernspiele" und Co

Mit diesem Handbuch möchten wir euch bewusst auf das Spiel mit Alltagsgegenständen und sonstigen herkömmlichen Spielmaterialien wie Bauklötzen, Puppen, Autos, Papier und Stiften, Sand, Matsch, Schaukel und Bällen aufmerksam machen. Immer wieder beobachten wir in U-Bahnen, im Wartezimmer oder Restaurant, dass bereits zwei- und dreijährige Kinder erste Handyspiele spielen. Auch wenn jedes Elternteil seine eigenen Erfahrungen machen muss, wollen wir euch darauf hinweisen, dass die ganzheitlichen Lernerfahrungen bei Handy- und Computerspielen im Vergleich zum Spielen mit anderen Kindern und „echten" Gegenständen nicht mithalten können. Studien, zunächst aus Kanada und den USA, mittlerweile aus Deutschland, dokumentieren, dass die Nutzung von Smartphone und Co. nicht so lehrreich ist, wie es von den Herstellern oft dargestellt wird. Eine gravierende Entdeckung der Studien ist zudem die wachsende Rate an Kurzsichtigkeit bei Kindern durch häufigen Gebrauch von Bildschirmspielen. Auch die soziale Vereinsamung nimmt durch die Nutzung digitaler Medien zu. Wir möchten daher im Folgenden den Fokus gezielt auf herkömmliche

Spielmaterialien wie Bauklötze, Puppengeschirr, Sandspielzeug und dergleichen mehr setzen.

Verhältnis Spiel und Lernen

„Spiel ist keine Spielerei" bringt es der Sozialpädagoge Armin Krenz auf den Punkt. Mit diesem Zitat möchten wir euch, liebe Eltern ermutigen, euch bewusst zu machen, was eure Kinder jeden Tag im Spiel ganz nebenbei lernen können. Ein Beispiel soll es euch deutlich machen: ein Baby greift nach seinem Schnuller oder Kuscheltier, wirft es herunter und wartet, dass ihr es wieder aufhebt. Das macht es immer und immer wieder voll Vergnügen. Anfangs macht das auch den Eltern Spaß – aber irgendwann nervt es euch. Und wenn euer Kind das Spiel des Herunterwerfens dann auch noch mit diversen anderen Gegenständen erprobt, dann könnt ihr sogar sauer werden. Zu Recht? NEIN und JA! Natürlich ist es anstrengend und ermüdend, wenn euer Kind immer wieder Gegenstände vom Tisch oder aus dem Kinderwagen wirft. Dazu kommt noch die Verantwortung, dass sich niemand anderes dadurch verletzen darf. Aus der Sicht des Babys sieht das ganz anders aus. Dieses Hinunterwerfen verschiedener Gegenstände ist ein tolles, lustiges Lernspiel, verbunden mit ganz viel Zuwendung. Im Spiel erprobt euer Kind zudem die Schwerkraft, denn schließlich fallen nicht alle Gegenstände gleichermaßen auf die Erde: Der Stein, der schnell und mit einem harten „*tock*" auf die Erde fällt.

Die Feder, das Blatt oder das Papier, das sich leicht hin und her wiegt, bevor es sanft auf den Boden gleitet. All das sind Experimente, in denen euer Kind Grundkenntnisse der Schwerkraft erlernt. Und ganz wunderbar ist es, wenn ihr als Eltern das auch noch verbal begleitet, denn über diesen Dialog zum Experiment erfährt euer Kind ganz beiläufig auch noch Hintergrundwissen. So einfach kann Lernen sein!

Der französische Gelehrte und Geistliche Francoise Rabelais (1494 - 1553) sagte über die Kindererziehung: „Ein Kind ist kein Gefäß, das gefüllt, sondern ein Feuer, das entzündet werden will." Diese Aussage ist gültiger denn je! Je mehr ihr euer Kind bzw. eure Kinder dazu ermutigt, seinen bzw. ihren Interessen nach die Welt zu entdecken, umso mehr werden sie sich für ihr Thema begeistern. Zum Beispiel lernen Kinder nicht etwas auszuschneiden um des Ausschneiden Willens, sondern sie lernen es dann, wenn sie eine Idee im Kopf haben, die sie gern selbständig kreativ umsetzen wollen.

Bei diesen Lernphasen sprechen Fachleute auch von sogenannten Lernfenstern. Das Anstrengende für uns Erwachsene ist es, diese Lernfenster zu erkennen und unser Kind dementsprechend zu fördern.

Hierzu ein Beispiel:

Ein 3 ½-jähriger Junge steht mit seinen Füßen auf einer Plastikschiene, die zu einer Loopingbahn für Autos gehört. Als die Mutter ihn bittet, hier herunter zu gehen, antwortet der Kleine: „Nein, das geht nicht, ich fahre Skateboard!" Die Mutter fragt sich im Stillen: „Woher weiß mein Kind von einem Skateboard?" Nachdem der Junge dies mehrfach wiederholt, bietet sie ihm tatsächlich an, ein Skateboard zu kaufen. Der 3½-jährige Junge ist außer sich vor Freude. Er zieht auch brav die gesamte Schutzausrüstung mit Knieschonern, Ellenbogen- und Handgelenks-schützern und Helm an und fährt los. Anfangs im Flur der Wohnung, später an der Hand der Mutter auf dem Gehweg und nach 12 Monaten in einem Skateboard-Kurs. (In der Familie des Jungen gibt es keine Skater. Auch im Freundeskreis nicht.)

Diese Geschichte soll euch zeigen, dass unsere Kinder in ihrer eignen kleinen Welt mit ihren ganz eigenen Ideen leben, die auf den ersten Blick manchmal unlogisch erscheinen mag. Wie aber finden wir diese Ideen heraus? Ganz einfach: Nehmt euch immer wieder Zeit, eurem Kind bei seinem Spiel zuzuschauen. Gebt den Kindern die Möglichkeit so viel es geht auszuprobieren, sofern sie sich dabei nicht gravierend verletzen können! Vielfältige Spielhandlungen sind ein wahrer Schatz für Kinder. Für Kinder sind Spielhandlungen Erfahrungsräume, in denen sie viel entdecken und auch lernen können.

Spielhandlungen und das „so tun, als ob" bietet auch Schutz. So können sie sich auch mal im Rollenspiel in die Rolle des „Bösen" einfinden, ohne mit einer Strafe rechnen zu müssen. Neue Fähigkeiten können ausprobiert und bereits Erlerntes kann gefestigt werden. Fehler machen ist erlaubt, da sich das Kind im Spiel befindet und sich sicher fühlt. Verstöße gegen Werte und Normen sind möglich, sofern sie Teil des Spiels sind. So kann im Rollenspiel mal jemand „ausgeraubt" und auch mal „geschummelt" werden. Kinder können somit ihre Erfahrungen und Kompetenzen weiterentwickeln.

Das „so tun, als ob"- Spiel hilft Kindern in Rollen einzutauchen, die sie in einem sicheren Rahmen ausprobieren können. Je mehr wir Erwachsene Kindern die Freiräume für ihr eigenes Spiel schaffen, umso selbstsicherer werden die Kinder. Für uns Erwachsene bedeutet dies, auch mal in die Beobachterrolle zu gehen und eigene Ideen unterzuordnen bzw. „verrückte" Spielideen auszuhalten.

Unterstützung und Begleitung des kindlichen Spiels

So sehr wir auch denken, dass Kinder ohnehin am liebsten spielen wollen, so sollten wir wissen, dass der Spieltrieb keinesfalls angeboren ist. Er entsteht aus der Neugier für die Umwelt und bedarf der Unterstützung und des Dialoges zwischen Bezugsperson und Kind.

Das beginnt, wie bereits geschildert, beim Säugling. Durch den Blickkontakt zwischen den Eltern und dem Säugling, der warmen Zuwendung durch Stimme und Lächeln und den ersten kurzen Dialogen beginnt das Kind, seine Umwelt wahrzunehmen. Zunächst ist die direkte Bezugsperson besonders im Fokus. Je älter ein Kind wird, umso interessanter werden die Gegenstände in seinem direkten Umfeld. Auch hier beginnt es meist mit einer Interaktion zwischen Bezugsperson und Kind.

Wenn wir unserem Kind z.B. eine Rassel zeigen, beginnt es, danach zu greifen. Hier schult das Kind seine Motorik. Übrigens auch dann, wenn es seine Händchen und seine Füßchen greift. Zunächst passiert das noch unkontrolliert.

Doch ihr könnt schnell beobachten, wie euer Kind immer siche-
rer in der Bewegung wird und sich zielgerichtet den Gegenstand
greift. Wenn es mit einer Rassel oder etwas Anderem spielt, das
Geräusche macht, so erprobt es verschiedene Rhythmen und
schon seid ihr mitten in der „musikalischen Bildung". Und zusätzlich erlernt bereits der Säugling beim Greifen der Rassel
erste physikalische Grundlagen. Das Konzept der Schwerkraft:
Dinge fallen nach unten, wenn sie nicht hochgehalten werden.
Wie schwer ist die Rassel?

Wieviel Kraft muss ich als Kind aufwenden, um diesen Gegenstand zu halten? Und schlussendlich lernt das Kind die Sprache
durch die Interaktion zwischen sich und den Eltern bzw. Bezugs-
personen. Für all diese Erfahrungen ist die sichere Bindung eine
Basis für alle Lernerfolge eures Kindes.

Je älter euer Kind wird, umso kreativer kann sein Spiel werden.
Da werden Bauklötze zu Handys und der Puppenwagen zum
Transporter. Die ersten gemalten Figuren auf dem Blatt Papier
sind Monster oder besondere Tiere, die wiederum ein Aben-
teuer erleben. Beobachtet ihr eure Kinder beim Spiel und geht
auf ihre Spielideen ein, so erfahrt ihr, was für Gedanken eure
Kinder haben. Aus diesen Beobachtungen erfahrt ihr die
Spielthemen eurer Kinder und könnt dann neue Impulse setzen.

2. KAPITEL – SPIELEND LERNEN – SO GEHT'S!

Im frei gewählten Spiel experimentiert das Kind so intensiv, dass es sich neue Zusammenhänge fast eigenständig erschließen kann. Das Spielen mit Matsch und Sand zeigt Kindern auf, wie sich feste und flüssige Substanzen anfühlen und verhalten.

Trockener Sand ist anders als nasser Sand. Wasser, das über Steine fließt, verhält sich anders, als Wasser, das durch ein Regenrohr laufen kann. Werden Flüssigkeiten in unterschiedlich große und kleine Gefäße geschüttet, so macht das Kind seine ersten Erfahrungen mit Mengen.

Beim Bauklotz-Turm, der endlich so hoch ist, wie das Kind ihn haben wollte – und dann vielleicht kippt – macht ein Kind erste

Erfahrungen mit Statik. Die Holzperlen, die aufgefädelt werden, schulen euer Kind in der Feinmotorik und nebenbei werden Farben erlernt. Dasselbe gilt für das Bauen mit Legosteinen, auch hier sind Farben und Feinmotorik ein wesentlicher Aspekt des Lernens im Spiel.

Beim Springen, Rennen, Klettern und Laufen wird die Motorik entwickelt und das Gleichgewicht wird beim Schaukeln, Balancieren und Laufradfahren erprobt. Hierzu benötigen eure Kinder Spielzeit im Freien. Im Wald, auf der Wiese, auf dem Spielplatz oder im eigenen Garten.

Im Dialog und in der Interaktion baut euer Kind seine sozialen Kompetenzen aus. Es lernt, zu verlieren und zu gewinnen, Kompromisse auszuhandeln und auf andere Kinder Rücksicht zu nehmen. Im gemeinsamen

Spiel wird über vieles geredet, logische Zusammenhänge erschlossen und nicht zuletzt auch der Wortschatz deutlich ausgebaut. Je vielfältiger das Spiel der Kinder ist, umso intensiver sind ihre Lernerfahrungen.

Bei „Spielen" wird gerne auch an Brettspiele gedacht. Nach dem Kapitel 4 erfahrt ihr, welche Brettspiele für welches Alter Sinn machen.

Besonders für Klein- und Kita-Kinder gilt: Seid da, wenn euer Kind sich ausprobiert, schaut zu, ermuntert und tröstet. Macht eurem Kind neuen Mut, wenn etwas mal nicht so gut geklappt hat, damit es auch lernen kann dran zu bleiben.

Und seid auch da, wenn euer Kind etwas Besonderes geschafft hat, denn das Lob von euch Eltern tut eurem Kind gut. Ihr stärkt damit das Selbstvertrauen eures Kindes!

In der Begleitung des kindlichen Spiels, gepaart mit der Chance, Dinge auszuprobieren, fördert ihr euer Kind in allen Bereichen. Soziale und emotionale Kompetenzen werden genauso erlernt wie Fein- und Grobmotorik.

Auch das Denken und die Sprachentwicklung werden spielend ganzheitlich gefördert und entfaltet.

3. KAPITEL – SPIELFÄHIGKEIT = SCHULFÄHIGKEIT

Für uns Eltern ist es immer besonders wichtig, unser Kind auf die Grundschule vorzubereiten. Wir wünschen uns alle ein Kind, dass im Unterricht zuhören, den Unterrichtsinhalten folgen und sich konzentrieren kann. Insbesondere im letzten Kindergartenjahr wünschen sich Eltern vermehrt, dass ihr Kind dort nicht nur spielen, sondern auch schon „etwas lernen" soll. Doch schauen wir mal genauer hin, welche Kompetenzen Kinder, die eine gute Spielfähigkeit besitzen, nach Meinung der spielwissenschaftlichen Forschung bereits mitbringen:

Spielfähige Kinder bringen im emotionalen Bereich vielfältige Erfahrungen mit. Sie haben bereits ein tiefes Erleben ihrer Grundgefühle erfahren. Sie wurden mit Enttäuschungen konfrontiert ebenso wie mit Erfolgen. Sie sind in der Regel sogar optimistischer.

In ihren sozialen Kompetenzen unterscheiden sich Kinder mit einer hohen Spielfähigkeit ebenfalls von anderen Kindern. Sie können gut zuhören, sich auf andere Menschen offener einlassen und Konflikte besser lösen.

Sie helfen anderen Menschen gern und übernehmen auch die Verantwortung für sich und andere.

Im Bereich der Motorik fällt auf, dass die Kinder stärker aktiv sind, ihre Gesamtmotorik flüssiger und ihre Fein- und Grobmotorik differenzierter ist.

Auch im kognitiven Bereich überzeugen spielkompetente Kinder mit ihrer hohen Konzentrationsfähigkeit, ihrem vernetzten Denken, ihrem umfassenderen Wortschatz und ihrer Kommunikationsfreude. In diesem Sinn könnt ihr als Eltern der Erfahrung vertrauen, dass spielfähige Kinder auch schulfähig sind. Gönnt ihnen diese Zeit ohne Lernziele und Leistungsdruck und lasst sie spielen!

4. KAPITEL – SPIELESAMMLUNG

In diesem Kapitel findet ihr Ideen und Anregungen für Spiele mit euren Kindern. Hierbei haben wir in die Altersgruppe 1- bis 2-jährige, 2- bis 3-jährige, 4- bis 5-jährige und schließlich 5- bis 6-jährige Kinder unterteilt. Manche Dinge lassen sich natürlich auch schon früher mit dem eigenen Kind spielen bzw. auch Spiele aus den jüngeren Altersgruppen können zum Teil für ältere Kinder noch interessant sein.

In der Altersgruppe 1- bis 2-jährige Kinder wird kurz auf das Malen und Basteln eingegangen. Je selbstbestimmter Kinder in diesem Bereich agieren dürfen, umso länger ist dieses kreative Feld für alle Kinder jeden Alters interessant.

Vielleicht lässt sich im Kinderzimmer ja ein kleiner Platz so einrichten, dass eure Kinder immer die Möglichkeit haben, zu malen und zu basteln.

Damit fördert ihr auch die Kreativität eurer Kinder. Auch Bücher sind in jedem Alter ein wichtiges Medium. Jedes Kind genießt die Zweisamkeit mit euch, wenn ihr ihm vorlest.

Viel Spaß!

SPIELE FÜR KINDER ZWISCHEN 1 UND 2 JAHREN

Ist euer Kind noch im zarten Alter zwischen 1 und 2 Jahren, so ist die Konzentrationsfähigkeit auf ein bestimmtes Spiel noch äußerst gering – es sei denn, euer Kind hat sich selbst ein bestimmtes Ziel gesetzt, wie zum Beispiel das „Laufen lernen". Dann kann es sich immer wieder mit dem Hochziehen an einem Stuhl, Tisch o.Ä. beschäftigen. Auch wenn die Kleinsten Dinge sortieren oder einen bestimmten Gegenstand haben möchten, zeigen sie eine intensive Ausdauer, die uns Erwachsene immer wieder ins Staunen versetzt. Was also mit den Jüngsten spielen?

Kniereiter – Singspiele – Fingerspiele

Je kleiner die Kinder sind, umso lieber hören sie eurer Stimme zu und erfreuen sich daran, wenn mit ihnen gesungen wird. Die klassischen Verse wie „Hoppe hoppe Reiter…" oder „Das ist der Daumen…" erfreuen sich nach wie vor großer Beliebtheit. In dieser Interaktion erfährt euer Kind liebevolle Zuwendung, die insgesamt sehr wichtig für Kinder ist, ganz gleich, wie alt sie sind.

- **Hoppe hoppe Reiter**

Hoppe hoppe Reiter
Wenn er fällt, dann schreit er,
Fällt er in den Graben,
Fressen ihn die Raben.
Fällt er in den Sumpf,
Dann macht der Reiter … plumps

Hoppe hoppe Reiter
Wenn er fällt, dann schreit er,
Fällt er in die Hecke,
Fressen ihn die Schnecken.
Fällt er in den Sumpf,
Dann macht der Reiter … plumps

Hoppe hoppe Reiter
Wenn er fällt, dann schreit er,
Fällt er in den Graben
Fressen ihn die Raben.
Fällt er in den Sumpf,
Dann macht der Reiter … plumps

Hierbei sitzt euer Kind auf euren Knien. Lasst euer Kind – je nach Alter – mal etwas stärker hochhüpfen oder auch sanfter. Am Ende "plumpst" es, indem ihr es nach hinten kippt und zwischen den Beinen leicht mit dem Kopf den Boden berührt, während ihr es gut festhaltet.

• Der Johnny

Ich bin ein kleines Pony, mein Reiter, der heißt Johnny. Und ruft der Johnny „Hopp", dann reiten wir Galopp.

Ich bin ein kleines Pony, mein Reiter, der heißt Johnny. Und macht der Johnny schlapp, dann reiten wir im Trab.

Ich bin ein kleines Pony, mein Reiter, der heißt Johnny. Und macht der Johnny mit, dann reiten wir im Schritt.

Ich bin ein kleines Pony, mein Reiter, der heißt Johnny. Und wenn ich nicht mehr mag, dann werf' ich Johnny ab!

Zu jeder Gangart entsprechend mit den Beinen wippen – Galopp ist natürlich viel wilder als Schritt. Am Schluss wird der kleine Reiter dann sanft zwischen den Beinen abgesetzt.

• Ein Auto fährt, tüt, tüt

Ein Auto fährt tüt, tüt, ein Auto fährt tüt, tüt, ein Auto fährt, ein Auto fährt, ein Auto fährt tüt, tüt. Erst langsam wie die Schnecke, dann saust es um die Ecke, ein Auto fährt, ein Auto fährt, ein Auto fährt tüt, tüt.

Ein Moped fährt brumm, brumm, ein Moped fährt brumm, brumm, ein Moped fährt, ein Moped fährt, ein Moped fährt brumm, brumm. Erst langsam wie die Schnecke, ...

Ein Fahrrad fährt kling, kling, ...

Ein Traktor fährt tuck, tuck, ...

Ein Zug, der fährt tschu, tschu, ...

Hierbei kann die Hand das Auto sein, oder auch ein kleiner Massageball, der über den Körper des Kindes fährt und dann abrupt abbiegt. Oder das Kind selbst darf das Auto sein und erst langsam und später schnell „fahren" – also laufen.

• Es fährt ein Schifflein übers Meer

Es fährt ein Schiff übers Meer,
das schaukelt hin und schaukelt her.
Da kommt ein großer Sturm
Und bläst das Schifflein um.
Und hat's nen guten Kapitän,
dann ist es gleich wieder zu sehn.
Fährt in den Hafen ein geschwind,
Da freut sich jedes Kind!

Euer Kind hin und her wiegen auf euren Knien. Bei „Sturm" in die Haare pusten und beim Umfallen, euer Kind leicht nach hinten kippen. Und dann wieder hochziehen. Die Freude mit Klatschen darstellen.

• Der Schotterwagen

Schotter fahren, Schotter fahren
Mit dem alten Schotterwagen
Über kleine feine Steine
Dann die großen, die so stoßen

Schotter fahren, Schotter fahren
Und zum Schluss wird abgeladen

Hier hüpft das Kind erst ganz sanft auf euren Knien, dann immer stärker, bis es schlussendlich sanft „abgeladen" wird.

• Das ist der Daumen

Das ist der Daumen,
der schüttelt die Pflaumen,
der hebt sie auf,
der trägt sie nach Haus
und der Kleine isst sie alle auf.

Hierzu werden die Finger einer Hand durchgezählt. Beginnend beim Daumen.

• Himpelchen und Pimpelchen:

Himpelchen und Pimpelchen
stiegen auf einen hohen Berg.
Himpelchen war ein Heinzelmann
und Pimpelchen war ein Zwerg.
Sie blieben dort lange sitzen
und wackelten mit ihren Zipfelmützen.
Doch nach vielen, vielen Wochen
sind sie in den Berg gekrochen.
Dort schlafen sie in guter Ruh.
Seid mal still und hört schön zu!

Hierzu nehmt ihr eure Daumen als Himpelchen und Pimpelchen und spielt mit den Daumen den Text nach.

• Da kam ein Mückchen

Da kam ein Mückchen,
das baut ein Brückchen.
Klopft an,
guten Tag, Herr Nasenmann!

Hierzu krabbeln zwei Finger einer Hand bei eurem Kind den Arm hinauf zur Schulter. Das „Brückchen" ist der Weg zur Nase. Hier zärtlich anklopfen und dann die Nase liebevoll knuddeln.

Bewegungsspiele für draußen und drinnen

Besonders dann, wenn Kinder beginnen, sich eigenständig fortzubewegen, gibt es kein Halten mehr. Es wird gekrabbelt, gerobbt und schließlich gelaufen. Das schöne ist, dass Kleinkinder immer wieder Neues entdecken und so von Einem zum Anderen flitzen, aber auch zwischendurch stehen bleiben.

FÜR DRAUSSEN:

• Von Entdeckung zu Entdeckung

Ihr lauft mit eurem Kind am Waldrand spazieren. Hierbei entdeckt euer Kind immer wieder andere schöne Dinge: Blumen, Käfer, Äste, Steine ... Hier reicht es eurem Kind, dass ihr mit ihm seine Begeisterung für die vielen Dinge teilt, die es zu entdecken gibt. Auch jeder andere Weg, der möglichst nicht von Autos gekreuzt wird, ist genauso spannend.

- **Ballspielen**

Ob auf einer Wiese im Garten, auf dem Spielplatz im Sand oder im Sommerurlaub am Meer, ja selbst auf dem Garagenplatz ist es möglich, mit eurem Kleinsten mit dem Ball zu spielen. Sei es hin- und herkullern, „Tore" schießen oder einfach dem Ball hinterher rennen. Ihr könnt auch in der Wohnung mit eurem Kind den Ball hin- und herrollen lassen.

- **Wettlauf**

Ganz klassisch und einfach: „Wer ist zuerst am …?" Und dann lasst ihr euren kleinen Schatz laufen und er darf natürlich Erster sein! Da ist die Freude bei eurem Kind groß. Mit diesem Spiel könnt ihr auch lange Wegstrecken zurücklegen.

- **Malen mit Straßenkreide oder mit Stöcken im Sand**

Straßenkreide ist wunderbar, um großflächig zu malen. Hierbei ist es egal, ob ihr mit einem Stock Bilder in den Sand malt oder ob ihr mit der Kreide Farbe auf den Asphalt und Steine zaubert.

- **Auf dem Spielplatz**

Kinder im Alter zwischen 1 und 2 Jahren sind gerne auf dem Spielplatz. Da sie aber meist nicht alleine auf die Schaukel kommen, nicht alleine die Rutsche hoch- und auch alleine nicht ins Kletterhäuschen hinauf klettern können, so möchte ich euch einen Grundsatz mit an die Hand geben, mit dem ihr euer Kind in den nächsten Jahren sicher über jeden Spielplatz bringt:

NUR DORT, WO DAS KIND ALLEINE HINAUFKOMMT, KOMMT ES AUCH ALLEINE WIEDER RUNTER!

• Stufenzählen

Jeder Weg, der Treppen hat, egal, ob drinnen oder draußen, kann hierzu genutzt werden. Zählt einfach beim Hoch- und Runtersteigen gemeinsam Stufen. Eure Kinder begeistert dies, bestimmt. Hier übt ihr von klein an mit eurem Kind Zahlen. Und mit der Idee, die Stufen zu zählen, überwinden Kleinkinder auch längere Treppen mühelos.

• Tanzen zur Musik

Kleine Kinder lieben es, zur Musik zu tanzen. Das können Kinderlieder sein oder auch Lieder aus dem Radio. Hierzu reicht ihnen ein kleiner Platz im Wohnzimmer oder Kinderzimmer.

• Hüpfen auf einer „alten" Matratze

Eine ausrangierte Matratze taugt immer noch zum drauf rumhüpfen. Hier kann auch der erste Purzelbaum, die Rolle vorwärts und rückwärts geübt werden. Und wenn ihr keine „alte" Matratze habt, so kann auch die Matratze aus dem Kinderbett genommen werden.

Rollenspiele

Kleinstkinder lieben es, mit euch Erwachsenen oder auch mit anderen Kindern Rollenspiele zu spielen. Hierzu werden in der Regel recht wenige Spielsachen benötigt. Ein Schuhkarton kann die Kasse für den Kaufladen darstellen und Kastanien oder alte Korken können als Währung dienen. Bei den Rollenspielen könnt ihr euch auf die Kreativität eures Kindes verlassen und die Kreativität durch kleine Impulse schnell anstoßen. Ein Bauklotz ist das Handy, mit dem telefoniert wird. Eine Schüssel aus der Küche ist der Kochtopf usw. Rollenspiele sind so vielseitig, dass wir hier ein paar Ideen und Anregungen zu den Materialien geben möchten, die dann wiederum von euch und euren Kindern ganz frei und kreativ genutzt werden können.

Alltagsmaterialien:

- Leere Kartons (vom Tee oder von Cremedosen)
- Leere Cremedosen und kleine leere Duschgels
- Alltagsmaterialien aus der Küche:
  - Schneebesen
  - Rührlöffel aus Holz
  - Brettchen
  - Schüsseln
  - Töpfe …
- Tücher jeder Art (große und kleine)
- Decken (große und kleine)

Oftmals werden diese Alltagsmaterialien im Spiel mit den Spielsachen kombiniert. Auch Legobausteine, Holz- und Plastiktiere, sowie Puppen und Stofftiere werden gern in das Spiel gern mit einbezogen. Das Wichtigste im Rollenspiel ist die Präsenz der Mutter bzw. des Vaters und die Fähigkeit, sich offen auf das Spiel des Kindes einzulassen.

Konzentrationsspiele – ruhige Spiele

Bei nahezu allen Spielen, die Kinder dieser Altersgruppe spielen, sind die Kinder sehr stark fokussiert und konzentriert. Bei den nachfolgenden Spielen bleiben auch die jüngsten Kinder für eine kurze Zeit ruhig sitzen.

- Der Bauklotz-Turm
  o Mit Holzbausteinen lassen sich super Türme bauen. Hier kann das Kleinkind auch mal eine Weile alleine bauen, ohne dass ihm langweilig wird. Mit einem Erwachsenen oder mit anderen Kindern macht es jedoch mehr Spaß!
- Malen mit Wachsfarbstiften oder Buntstiften
  o Zum Malen mit den Jüngsten dürfen es gern auch größere Papierformate sein. Kinder zwischen 1 und 2 Jahren malen gern mit Schwung. Hier sind große Papierbögen sinnvoll, auch wenn noch kein komplettes Gemälde entsteht, wie wir Erwachsenen es uns vielleicht vorstellen. Für die Kleinsten ist es das Erlebnis, dass sie selbst Spuren hinterlassen können. Manche Kinder beginnen mit 2 Jahren, ihre Geschichte zum Bild zu erzählen. Es lohnt sich, hier gut zuzuhören und diese auch mal aufzuschreiben.

○ MALEN MIT WASSERFARBE ODER FINGERFAR-
BEN:
Während mit Wachsmalern und Buntstiften Kinder auch mal alleine malen können, so brauchen
sie beim Malen mit Wasserfarbe Unterstützung.
Hier empfiehlt sich ebenfalls ein großes Blatt Papier und am besten eine alte Zeitung, die groß-
zügig als Unterlage darunter ausgebreitet wird.
So schützt ihr euren Tisch oder Fußboden vor
Farbe. Das gilt auch für das Malen mit Fingerfar-
ben, wobei ihr dann zusätzlich die Kleidung eures Kindes, z.b. mit einem alten Hemd von Papa
als Malkittel, schützen solltet.

- Basteln mit Papier
  ○ Mit Schere, Kleister anstatt Kleber und bunten
  Papierresten lassen sich wunderschöne Bilder
  selbst kleben. Kleister könnt ihr gut wieder aus
  der Kleidung rauswaschen und er ist nicht so
  teuer, wie Kleber. Weitere Materialien können
  sein: Reste von Geschenkbändern, Reste von Ge-
  schenkpapier, einzelne Holzperlen, Filz- und
  Stoffreste etc. Ihr Erwachsenen schneidet – euer
  Kind wird mit Hingabe kleben.

- Einfache Steckpuzzles
  ○ Meist sind die Puzzles für Kleinkinder aus Holz o-
  der fester Pappe. In diesem Alter reichen die
  Puzzles mit einzelnen Figuren. Es gibt dieses
  Puzzle mit diversen Motiven, vom Bauernhof
  über die Feuerwehr bis hin zu Zootieren ist alles

dabei. Oftmals gibt es diese Puzzles auf Second-hand Märkten und Kleiderbasaren günstig zu kaufen. Vorsicht: Puzzles oder Steckspiele mit Kleinteilen sind nicht geeignet, da diese verschluckt werden könnten.

- Bücher vorlesen
  - Bücher vorlesen als Spiel? Ja, denn Vorlesen und Vorlesen ist nicht immer dasselbe. Wenn ihr mit eurem Kind in den Dialog geht, ihr euch erzählen lasst, was euer Kind sieht, und wenn euch euer Kind zeigt, was es entdeckt, dann wird es eher eine kreative Buchbetrachtung, als ein reines Vorlesen. So kann es auch passieren, dass sich euer Kind das Buch mal alleine schnappt und das Buch anschaut.

SPIELE FÜR KINDER ZWISCHEN 2 UND 3 JAHREN

Mit stolzen 2 Jahren beginnt bei den meisten Kindern die Entdeckung ihres kleinen „ICH". Das führt auch im Spiel dazu, dass sie ihre eigenen Spielideen immer selbstbestimmter umsetzen möchten. In der Interaktion mit anderen Kindern wächst der Dialog im Spiel und sie beginnen, sich über ihre Spielideen auszutauschen. Auch reichen mit 2 ½ Jahren langsam die Geduld und die Konzentration für erste Brettspiele, und auch beim Malen entwickeln sich die Kinder immer weiter.

Mit 2 Jahren können Kinder schon einfache Regeln bei Bewegungsspielen einhalten. So schaffen sie es beispielsweise mühelos, Tanzspiele mit anderen Kindern zu spielen. Sie lieben es zu hüpfen, und sie beginnen, klettern zu üben. So ist auch der Besuch von Spielplätzen zunehmend zu empfehlen. Ihr könnt eure Kinder hier fast immer frei aussuchen lassen, was sie spielen wollen. Wichtig ist hierbei nur, dass ihr dort, wo es gefährlich werden könnte, bei eurem Kind seid. Vermutlich probiert euer Kind auch schon das erste Laufrad oder sogar Fahrrad aus. Auch hier ist es wichtig, auf die Sicherheit zu achten. Euer Kind sollte mindestens einen Helm tragen, egal, ob es Roller, Laufrad oder Fahrrad fährt.

TANZSPIELE

• Der dicke Tanzbär

Ich bin ein dicker Tanzbär und komme aus dem Wald.
Ich suche mir einen Freund aus und finde ihn schon bald.

Ei, wir tanzen hübsch und fein von einem auf das andre Bein.
Ei, wir tanzen hübsch und fein von einem auf das andre Bein.

Wir sind zwei dicke Tanzbären und kommen aus den Wald.
Wir suchen einen Freund aus und finden ihn schon bald.

Ei, wir tanzen hübsch und fein von einem auf das andre Bein.
Ei, wir tanzen hübsch und fein von einem auf das andre Bein.

Wir sind vier dicke Tanzbären und komme aus dem Wald.
Wir suchen einen ...

• Schmetterling, du kleines Ding

Schmetterling du kleines Ding,
Such dir eine Tänzerin!
Juchheirassa, juchheirassa,
Oh, wie lustig tanzt man da
Lustig, lustig wie der Wind,
Wie ein kleines Blumenkind,
Hei, lustig, lustig wie der Wind,
Wie ein Blumenkind

• Es tanzt ein Bi-Ba-Butzemann…

Es tanzt ein Bi-Ba-Butzemann in unserm Kreis herum
widibumm,
Es tanzt ein Bi-Ba-Butzemann in unserm Kreis herum.
Er rüttelt sich, er schüttelt sich, er wirft sein Säckchen hinter
sich.
Es tanzt ein Bi-Ba-Butzemann in unserm Kreis herum.

• Tschu, Tschu, Tschu die Eisenbahn

Tschu, Tschu, Tschu, die Eisenbahn,
wer will mit nach… fahr´n,…
alleine fahren mag ich nicht,
da nehm´ ich mir die Kinder mit!
Alles einsteigen! Der Zug fährt los!
Tschu, Tschu, Tschu!

- ## Sachen suchen (ab 2 Jahren)

In einem Spielzimmer gibt es oft sehr viel Spielzeug. Da kann es schon Spaß machen, Sachen zu suchen. Ihr könnt auch das liebste Kuscheltier unter der Kuscheldecke verstecken und gemeinsam danach suchen. Auch hier ist Bewegung garantiert!

- ## Ballspielen

Was für die Kleinsten gilt, bleibt auch in diesem Alter interessant: Ob auf einer Wiese im Garten, auf dem Spielplatz im Sand, oder im Sommerurlaub am Meer, ja, selbst auf dem Garagenplatz ist es möglich, mit eurem Kleinsten mit dem Ball zu spielen. Sei es hin- und her kullern, „Tore" schießen oder einfach dem Ball hinterherrennen. Ihr könnt auch in der Wohnung mit eurem Kind den Ball hin- und her rollen lassen. Ballspiele bringen nicht nur Bewegung für eure Kinder, sondern fördern auch die Motorik, wenn ihr z.B. den Ball werft und euer Kind ihn auffängt.

- ## Wettlauf

Ganz klassisch und einfach: „Wer ist zuerst am …?" Und dann lasst ihr euren kleinen Schatz laufen und er darf natürlich Erster sein! Dann ist die Freude bei eurem Kind groß. Mit diesem Spiel könnt ihr auch lange Wegstrecken zurücklegen. Jetzt ist euer Kind alt genug, dass es auch eigene Zielpunkte vorschlagen kann, was doppelten Spaß macht. Ihr könnt auch Rituale einführen, indem ihr z.B. auf dem Weg zum Kindergarten oder Einkaufen eine bestimmte Strecke im Laufschritt bewältigt.

- **Malen mit Straßenkreide**

Straßenkreide ist jetzt ein schönes Geburtstagsgeschenk, das sich euer Kind wünschen kann – um danach gleich damit loszulegen. Am meisten macht es jetzt Spaß, nicht nur mit Mama oder Papa, sondern mit anderen Kindern zu malen. Straßenkreise ist zwar abwaschbar, aber manchmal ist es sinnvoll, eine bestimmte Fläche abzugrenzen, wenn nicht der ganze Weg oder Platz beim Haus bis zum nächsten Regen bunt sein soll.

- **Auf dem Spielplatz**

Ob es die Rutsche, das Klettergerüst oder die Schaukel ist - der Spielplatz wird immer beliebter. Während die Kleinsten sich gerne in der Sandkiste aufhalten, will euer Kind jetzt die diversen Geräte ausprobieren. Lasst euer Kind so frei wie möglich den Spielbereich wählen. So könnt ihr die Vorlieben und die Fähigkeiten eures Kindes bald erkennen und wisst, wo ihr evtl. Hilfestellungen geben müsst. Und man kann die Faustregel nicht oft genug wiederholen: **NUR DORT, WO DAS KIND ALLEINE HINAUFKOMMT, KOMMT ES AUCH ALLEINE WIEDER RUNTER!**

Rollenspiele

Kinder lieben Rollenspiele und brauchen meist nur kleine Anregungen dafür. Ein Rollenspielklassiker ist das Einkaufen-Spielen: Mit leeren Schuhkartons und leeren Holzkisten lässt sich ein einfacher Laden selbst herstellen. Auch ein umfunktioniertes Regal kann als Kaufladen dienen und Kastanien werden zu Nudeln, Kieselsteine zu Münzen. Hier ein paar Ideen und Anregungen für euch:

Alltags - Materialien:

- Leere Kartons (vom Tee oder von Cremedosen)
- Leere Cremedosen und kleine leere Duschgels
- Alltagsmaterialien aus der Küche:
  - Schneebesen
  - Rührlöffel aus Holz
  - Brettchen
  - Schüsseln
  - Töpfe ...
- Tücher jeder Art (große und kleine)
- Decken (große und kleine)

In diesem Alter werden Alltagsmaterialien gerne mit anderen Spielsachen kombiniert. Auch Legobausteine, Holz- und Plastiktiere sowie Puppen und Stofftiere werden in das Spiel gern mit einbezogen. Das Wichtigste im Rollenspiel ist eure Präsenz und Fähigkeit, sich offen auf das Rollenspiel einzulassen.

Erste Brettspiele

Besonders dann, wenn es schon größere Geschwister gibt, die bereits mit euch Eltern Brettspiele spielen, haben auch die jüngeren Kinder Lust und Spaß an Brettspielen. Was aber aus der Fülle der angebotenen Spiele heraussuchen? Sind die Altersangaben immer korrekt? Welches Spiel passt zu meinem Kind? Grundsätzlich könnt ihr den Altersangaben vertrauen. Oftmals können jüngere Kinder, die gerne Brettspiele spielen, sich auch gut konzentrieren. Das führt dazu, dass ihr manchmal auch ein Spiel auswählen könnt, das für ältere Kinder vorgesehen ist und euer Kind kommt dennoch mit dem Spiel gut zurecht.

Grundsätzlich ist es jedoch wichtig zu bedenken, dass euer Kind erst zwischen 2 und 3 Jahre alt ist. Dies kann dazu führen, dass ihr gerade ein Spiel angefangen habt, euer Kind dann aber plötzlich keine Lust mehr hat, weil seine Konzentrationsfähigkeit noch sehr kurz ist. Das ist normal. Hier gilt es, eine familiengerechte Lösung zu finden. Darf das Kind das Spiel jetzt abbrechen? Sind die Geschwister damit einverstanden? Alles stehenlassen und später weiterspielen? Oft ist es sinnvoll, ein solches Spiel „im Tandem" mit einem Elternteil zu spielen, der dann weiterspielen kann, wenn das Kleinkind das Interesse verloren hat.

Manchmal ist es für die jüngeren Kinder auch interessant, sich die Brettspiele der älteren Geschwister anzuschauen. Hierbei räumen sie alles aus und wieder ein, drehen und wenden die Figuren und reihen scheinbar wahllos alles aneinander. Bei diesem Spiel geht es dann nicht um das Einhalten von bestimmten Regeln oder Abläufen, sondern nur um das Kennenlernen der Spielmaterialien. Vorsicht: Bei Lieblingsspielen immer die älteren Geschwister um Erlaubnis bitten, falls etwas versehentlich beschädigt werden sollte.

Für Kleinstkinder sind immer wieder die Spiele interessant, die sich mit Farben beschäftigen. Hierzu eine kleine Auswahl von Spielen mit Farbwürfeln.

BRETTSPIELE MIT FARBWÜRFEL:

- Colorama von Ravensburger
- 4 erste Spiele - Farbwürfel von Ravensburger
- Obstgarten von Haba
- Tempo kleine Schnecke von Ravensburger
- Quips von Ravensburger
- Farben und Formen von Haba

WEITERE BRETT-/ GESELLSCHAFTSSPIELE:

- Diverse Memory-Spiele von Ravensburger
- Fische Angeln von Haba
- Was passt zusammen? von Haba
- Domino

Hier gibt es unendlich viele Spiele zu genauso vielen Themen. Wichtig ist, dass es eurem Kind Spaß macht und dass es bewusst kein Spiel für Tablet, Smartphone oder PC ist, sondern eine ganzheitliche Spielerfahrung ermöglicht.

SPIELE FÜR KINDER ZWISCHEN 4 UND 5 JAHREN

Mit 4 Jahren sind die Kinder sehr selbstbestimmt und mit vielen eigenen Ideen unterwegs. Besonders im Spiel mit Freunden können die schönsten und tollsten Spiele entstehen, vom Wettrennen, über die gemeinsamen Bauarbeiten in Sandkasten, Matsch oder einfach mit Holzklötzen, Lego oder im Rollenspiel.

Bewegungsspiele

Rennen, Hüpfen und Herumspringen ist für 4- bis 5-jährige an der Tagesordnung. Auch die ersten Fahrzeuge sind schon längst erprobt und die ersten Stürze sicher überstanden. Eure Kinder spielen bestimmt schon selbstständig Fangen und Verstecken. Hier noch ein paar Ideen für angeleitete Bewegungsspiele.

• Feuer – Wasser – Sturm

Ein tolles Spiel, wenn mehrere Kinder zusammen sind. Hierbei darf auch mal Musik an sein. Die Kinder rennen durch die Gegend oder den Raum. Sobald die Musik aus ist, ruft der Erwachsene (oder 1 ausgewähltes Kind) einen Begriff und die Kinder müssen die Bewegung ausführen:

„Feuer" = flach auf den Boden legen, „Wasser" = auf etwas drauf stehen oder „Sturm" = in eine Ecke rennen. Mittlerweile gibt es auch diverse weitere Begriffe, oder es können welche neu erdacht werden und ihnen eine Bewegung zugeordnet werden.

• Luftballon-Wettrennen

Für dieses Spiel braucht es eine gerade Anzahl an Kindern. Es bilden immer zwei Kinder ein Paar. Sie bekommen einen Luftballon, den sie zwischen sich einklemmen müssen. So müssen sie dann eine festgelegte Distanz zurücklegen. Das Paar, das als erstes über die Ziellinie geht, ist Sieger.

• Seilspringen und Gummitwist

Egal, ob jedes Kind ein eigenes Springseil bekommt, oder ob es ein großes Seil gibt, das von zwei Kindern geschwungen wird, während das dritte Kind springt – es macht immer allen viel Spaß!

Auch beim Gummitwist, bei dem mindestens 3 Kinder benötigt werden, gibt es viel Spaß beim Hüpfen.

- **Ballspielen**

Ob auf einer Wiese im Garten, auf dem Spielplatz im Sand oder im Sommerurlaub am Meer, ja selbst auf dem Garagenplatz ist es möglich, mit eurem Kind mit dem Ball zu spielen. Mittlerweile liegt der Spaß im Tore schießen üben oder darin, wer den Ball am weitesten kicken kann.

- **Wettlauf**

Ganz klassisch und einfach: „Wer ist zuerst am …?" Und dann geht es los! Jeder möchte natürlich als Erster am Ziel sein! Noch immer lassen sich mit diesem Spiel auch längere Wegstrecken einfach zurücklegen.

- **Malen mit Straßenkreide oder mit Stöcken im Sand**

Straßenkreide ist wunderbar, um großflächig zu malen. Hierbei ist es egal, ob ihr Bilder mit einem Stock in den Sand malt oder ob ihr mit der Kreide Farbe auf den Asphalt und Steine zaubert. Mit Kreide lassen sich auch wunderbar Hüpfkästchen auf den Boden malen. In die Kästchen können Zahlen hineingeschrieben werden. Nun darf euer Kind ein kleines Steinchen werfen. Dort, wo das Steinchen liegen bleibt, darf nicht gehüpft werden.

Vielleicht erinnert ihr euch noch an die Hüpfkästchen mit dem
Namen „Himmel und Hölle" oder „Hüpfschnecke"

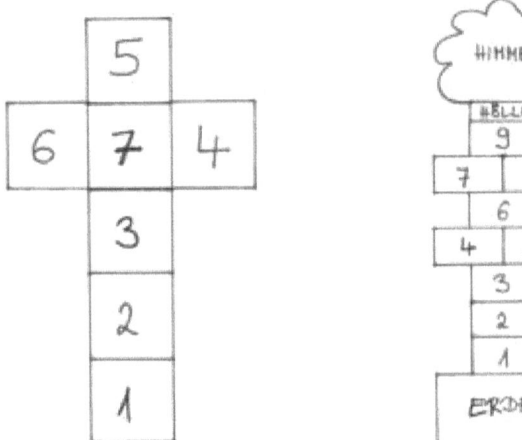

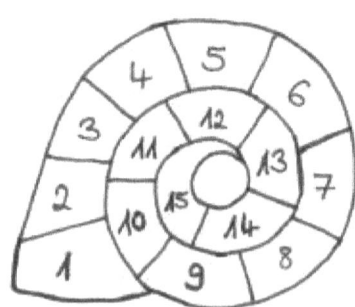

• Auf dem Spielplatz

Kinder im Kita-Alter lieben Spielplatzbesuche! Dort klettern, schaukeln oder toben sie auf ihren Lieblingsgeräten. Eure Hilfestellung brauchen sie meist nicht mehr, wohl aber eure Aufmerksamkeit: schau mal, was ich schon kann! Eure Bewunderung stärkt das Selbstbewusstsein eures Kindes ganz enorm. Und es versteht inzwischen auch schon selbst die einfache Regel: **NUR DORT, WO ICH ALLEINE RAUF KOMME, KOMME ICH AUCH WIEDER RUNTER!**

Rollenspiele

Spätestens im Alter von vier Jahren wird im Rollenspiel alles nachgeahmt und kreativ weiterentwickelt, was die Kinder von zu Hause kennen. Habt ihr das Gefühl, dass euer Kind euch imitiert? Ganz bestimmt sogar, denn es ist ein Teil der kindlichen Entwicklung, diverse Rollen auszuprobieren. Euer Kind beginnt, sich intensiv zu erproben, indem es in verschiedene Rollen schlüpft. Hier ein paar Ideen und Anregungen zu möglichen Materialien.

Alltagsmaterialien:

- Leere Kartons (vom Tee oder von Cremedosen)
- Leere Cremedosen und kleine leere Duschgels
- Alltagsmaterialien aus der Küche:
  - Schneebesen
  - Rührlöffel aus Holz
  - Brettchen
  - Schüsseln

51

- o   Töpfe …
- Tücher jeder Art (große und kleine)
- Decken (große und kleine)

Immer häufiger werden diese Alltagsmaterialien im Spiel mit Legobausteinen, Holz- und Plastiktieren sowie Puppen und Stofftieren kombiniert. Der Fantasie sind keine Grenzen gesetzt. Auch wenn ihr jetzt eher zuschaut als mitspielt – eure Wertschätzung und Anwesenheit stärken euer Kind!

Brett- und Gesellschaftsspiele

Mit 4 und 5 Jahren können Kinder immer mehr Gesellschaftsspiele mitspielen. Oft haben sie ein Lieblingsspiel, das sie immer und immer wieder spielen können. Sie haben ausreichend Geduld und Konzentration, um auch mal bis zu 30 Minuten an einem Spiel zu bleiben, wenn sie es besonders spannend finden. Im Nachfolgenden sind nur ein paar der möglichen Spiele erwähnt. Es gilt besonders jetzt, herauszufinden, welche Brettspiele euer Kind begeistern, denn so kann sich euer Kind auch längere Zeit gut konzentrieren.

- Halli Galli von Amigo
- Lotti Karotti von Ravensburger
- Zicke Zacke Hühnerkacke von Ravensburger
- Das verrückte Labyrinth von Ravensburger
- Monopoly
- Ubongo von Kosmos
- Make 'n' break von Ravensburger

Hier gibt es unendlich viele Spiele zu genauso vielen Themen. Wichtig ist, dass das Spielen eurem Kind Spaß macht und dass es bewusst KEIN Spiel für Tablet, Smartphone oder PC ist, sondern dass ihr oder die Geschwisterkinder und Freunde gemeinsame Zeit mit ihm verbringen.

Erste Experimente

- Mit 4 bis 5 Jahren haben die Kinder bereits deutlich Interesse an Experimenten. Sie probieren zwar ohnehin immer wieder kreativ Dinge aus, doch nun können auch Experimente gezielt durchgeführt und daraus erste physikalische und chemische Erkenntnisse gezogen werden.

- ### Vulkan

1 schmales und nicht zu hohes Glas, Backpulver, Lebensmittelfarbe (rot), Essig

Stellt hierfür ein schmales, nicht zu hohes Glas in eine Schüssel mit Sand. Das Glas sollte vom Sand bedeckt sein. Gebt nun in das Glas 1 Päckchen Backpulver und etwas Lebensmittelfarbe. Nun gebt ihr ein wenig Essig in das Glas und wartet ab. Das Backpulver beginnt zu schäumen und tritt über den Rand des Glases aus. Der Vulkan bricht aus.

- ### Hochwasser

2 Gläser, Wasser, 1 Trinkhalm zum Abknicken, ein paar alte Zeitungen oder Bauklötze

Staple zuerst die alten Zeitungen oder Bauklötze auf dem Boden so, dass sie so hoch sind, wie ein Glas. Anschließend füllst du ein Glas mit Wasser und stellst es auf den Stapel. Das zweite Glas wird direkt neben den Stapel gestellt. Nun halte den Trinkhalm mit dem abgeknickten oberen Ende in das Wasserglas. Sauge leicht am Trinkhalm und fülle diesen so mit Wasser. Halte das Ende des Trinkhalms, an dem du gesaugt hast, schnell mit dem Finger zu, knicke den Halm so, dass er in das leere Glas führt, und nimm den Finger von der Öffnung weg.

- **Luftballonrakete**

Pustet einen Luftballon auf und lasst ihn dann einfach los.

Weitere Experimente findet ihr in dem Kartenset vom Moses Verlag: „50 verblüffende Experimente zum Selbermachen und Staunen". Hier werden diese Experimente auch erklärt. Obwohl angegeben ist, dass die Experimente erst ab 8 Jahren sind, machen diese auch schon Kindergartenkindern richtig viel Spaß. Natürlich wird hier ein Erwachsener benötigt, der gemeinsam mit den Kindern experimentiert.

SPIELE FÜR KINDER ZWISCHEN 5 UND 6 JAHREN

Mit 5 Jahren gehören die Kinder im Kindergarten schon zu den Großen und mit 6 Jahren sind sie schon fast Schulkinder. Aber eben nur fast! Denn gerade wenn es auf die Einschulung zugeht, ist es nicht für alle Kinder förderlich, wenn auch noch vermeintlich schulvorbereitenden Spiele von den Erwachsenen ausgewählt werden. Je nach Persönlichkeit eures Kindes können besonders in diesem Alter Brettspiele am wenigsten interessant sein, dafür wird aber Raum für Bewegung und freies, kreatives Spiel gesucht. Freunde werden immer wichtiger für gemeinsame Spiele. Es ist für euch und euer Kind schön, wenn diese Freundschaften durch gemeinsame Spielplatzbesuche u. Ä. gefestigt werden und ihr euren Kindern so viele Spielmöglichkeiten mit Freunden wie möglich bietet.

Bewegungsspiele

Mittlerweile lassen sich immer mehr Spiele mit festen Regeln spielen, da die Kinder zwischen 5 und 6 Jahren sich gut an Regeln halten können und sie stellenweise auch selbst einfordern.

- ### Murmeln

Jeder von euch kennt die bunten Glasmurmeln, die es in verschiedenen Größen und Farben gibt. Dieses Spiel kann gut zu zweit oder zu mehreren gespielt werden. Ihr benötigt eine dickere Murmel. Diese wird zuerst im Sand, auf der Erde oder auf dem Teppich gerollt. Nun kommen die eigenen Murmeln ins Spiel. Jedes Kind darf versuchen, so nah wie nur möglich an die dicke Kugel heranzuspielen. Rollt die eigene Murmel zu weit oder nah genug dran? Kann ich eine andere Murmel wegkicken? Wer es am nächsten an die dicke Kugel schafft, ist Sieger dieser Runde. Er darf die Murmeln aller Spieler einsammeln.

- ### Ballspielen

Ob auf einer Wiese im Garten, auf dem Spielplatz im Sand oder im Sommerurlaub am Meer, ja selbst auf dem Garagenplatz ist es für eure Kinder möglich, mit dem Ball zu spielen – sei es Fußball, Handball oder was auch immer. Mit einem Ball können Kinder auch ihre eigenen Spiele erfinden, in kleinen Gruppen gegeneinander antreten oder den Lieblingsspieler beim Dribbeln nachahmen. Ein guter Ball ist übrigens ein tolles Geburtstagsgeschenk für bewegungsfreudige Kinder!

- ## Wettlauf

Ganz klassisch und einfach: „Wer ist zuerst am …?" Und los geht´s! Bei älteren Kindern kann auch gern ein Hindernissparcour aufgebaut werden, den es bis zum Ziel zu überwinden gilt. Eurer Fantasie und Ideen sind hierbei keine Grenzen gesetzt.

- ## Malen mit Straßenkreide und Hüpfspiele

Straßenkreide ist wunderbar, um großflächig zu malen. Hierbei ist es egal, ob ihr mit einem Stock Bilder in den Sand malt oder ob ihr mit der Kreide Farbe auf den Asphalt und Steine zaubert.

- ## Auf dem Spielplatz

Ob es die Rutsche, das Klettergerüst oder die Schaukel ist – der Spielplatz bleibt attraktiv! Die „Großen" können auch mal unbeaufsichtigt auf den Spielplatz, denn sie haben ja schon gelernt: **NUR DORT, WO ICH ALLEINE HINAUF KOMME, KOMME ICH AUCH ALLEINE WIEDER RUNTER!**

Rollenspiele

Zwischen 5 und 6 Jahren sind die Kinder fast schon Profis im Rollenspiel. Immer mehr probieren sie aus und sie können sich schon ziemlich gut in die unterschiedlichsten Rollen hineinversetzen. Manchmal ist das Thema „Schule" schon interessant, und im Rollenspiel werden gern die ersten Buchstaben und Zahlen geübt. Hier kann es euren Kindern Spaß machen, wenn sie auch ein Schulheft bekommen wie die älteren Geschwisterkinder. Bedenkt jedoch, dass diese Situation für die Kinder nur ein „Spiel" ist. Daher solltet ihr nur auf ihre Fragen reagieren und euch nicht dazu verleiten lassen, zu viel Input zu geben. Das Wichtigste bleibt im Rollenspiel die Präsenz und die Fähigkeit der Eltern, sich offen auf das Spiel des Kindes einzulassen. Noch schöner ist es, wenn sie die Rollenspiele mit Freunden oder Geschwistern machen können.

Brett- und Gesellschaftsspiele

Für 5- bis 6-jährige Kinder gibt es eine riesige Bandbreite an Spielen. Interessant sind für die zukünftigen Schulkinder nun auch Spiele, bei denen sie erste Rechenaufgaben bewältigen können, wozu sich beispielsweise Monopoly sehr gut eignet.

- Das verrückte Labyrinth von Ravensburger
- Monopoly
- Kniffel
- Kartenspiele aller Art
  - Z.B. Mau Mau
  - Uno
  - Quartetts
- Siedler von Catan von Kosmos (Hier ist die Kinder-Variante empfehlenswert)
- Go Gecko go (Spiel des Jahres 2019)

Hier gibt es unendlich viele Spiele zu genauso vielen Themen. Wichtig ist, dass es eurem Kind Spaß macht und dass es bewusst KEIN Spiel für Tablet, Smartphone oder PC ist!

Experimente für Vorschulkinder

Besonders im Vorschulalter werden viele Fragen gestellt. Mit ein paar einfachen Experimenten können Kinder viele Antworten nachvollziehen.

- ## Wie kommt die Luft in den Hefeteig?

3 Teelöffel Trockenhefe, 2 Teelöffel Zucker, 1 Trichter, warmes Wasser 1 leere Plastikflasche 1 Luftballon

Gib die Hefe und den Zucker mit Hilfe des Trichters in die Flasche. Fülle dann ebenfalls durch den Trichter die Falsche mit lauwarmem Wasser, bis sie zu einem Viertel gefüllt ist. Stülpe den Luftballon über den Flaschenhals. Und nun heißt es etwa 2 bis 3 Stunden warten!

- ## Telefon selbst gemacht

Ihr braucht zwei leere Joghurtbecher oder leere Dosen. In diese macht ihr (bitte mit einem Erwachsenen!) in den Boden jeweils ein kleines Loch. Nun stecke durch das Loch jeweils ein Ende von einer ca. 10 Meter langen Schnur und mache einen Knoten in das jeweilige Ende. Der Knoten muss im Inneren des Bechers/ der Dose sein, damit sie hält. Spannt nun die Schnur und haltet jeweils eine Dose an euer Ohr bzw. an den Mund und legt los. Viel Spaß beim Telefonieren!

- **Wasser, das im Eimer bleibt – Spiel für Draußen**

Fülle einen Spieleimer mit Wasser, greife ihn am Henkel und schleudere ihn kräftig im Kreis. Wenn du schnell genug drehst, bleibt das Wasser im Eimer.

Für die Großen gibt es vom Moses Verlag das Buch „365 Experimente für jeden Tag". Auch hier werden die Experimente kindgerecht und ausführlich erklärt.

Viel Freude mit allen Spielen und eine gute erlebnisreiche und lehrreiche Spielzeit!

QUELLENVERZEICHNIS

https://www.baumdererkenntnis.de/fuer-die-praxis/articles/die-bedeutung-des-spielens-83.html - Stand 23.10.2019

https://www.nifbe.de/component/themensammlung?view=item&id=616&catid=24&showall=1&start=0 - Stand 23.10.2019

http://bvnw.de/wp-content/uploads/2012/02/Das-Spiel-ist-der-Beruf-des-Kindes-Armin-Krenz.pdf - Stand 14.03.2020

Spitzer, Manfred: Die Smartphone-Epidemie: Gefahren für Gesundheit, Bildung und Gesellschaft - Klett-Cotta 2018/2019

Moses Verlag:14 Auflage 2017: „365 Experimente für jeden Tag" Moses Verlag: 6. Auflage 2015: „50 verblüffende Experimente zum Selbermachen und Staunen"

Wir empfehlen weitere HANDBÜCHER von ElternLeben.de zu den Themen:

LIEBEVOLL GRENZEN SETZEN / LIEBE UND RIVALITÄT UNTER GESCHWISTERN / DEIN ALLTAG MIT KLEIN-KIND / KITA-START / EINSCHULUNG

LIEBEVOLL GRENZEN SETZEN

Für Eltern von Kindern zwischen 1 und 5 Jahren

Ich will aber! Brauchen Kinder Grenzen? Im Alltag sind Eltern oft hin- und hergerissen zwischen den Meinungen der Erziehungsratgeber, die unterschiedliche Ansätze vertreten. Zwischen diesen beiden Extremen: „Lass dein Kind doch machen, lass es sich frei entfalten" und „Kinder brauchen klare Strukturen und Strafe muss sein", gilt es als Eltern einen gangbaren, gesunden Weg zu finden. Dieses Handbuch bietet Orientierung und gibt Eltern praktische Tipps und Impulse.

Erhältlich bei www.tredition.de / www.elternleben.de oder im Handel / ISBN 978-3-347-01500-5 / Seiten: 52

LIEBE UND RIVALITÄT UNTER GESCHWISTERN

Was Eltern tun können, um die Geschwisterbeziehung zu stärken

Geschwister leben mit gemeinsamen familiären Werten, Erfahrungen und Traditionen. Die Geschwisterbeziehung ist die längste zwischenmenschliche Bindung im Lebenslauf eines Menschen. Was tun, wenn Geschwister ständig streiten? Was ist der Unterschied zwischen natürlicher und unnatürlicher Rivalität? Lieblingskind oder schwarzes Schaf?

Erhältlich bei www.tredition.de www.elternleben.de oder im Handel ISBN 978-3-347-02385-7 / Seiten: 88

SPIELEN, LERNEN, WACHSEN
Dein Alltag mit Kleinkind

Durch das rasante Wachstum unserer Kleinkinder wird der Alltag in der Familie immer wieder verändert. Dies ist für viele Eltern eine Herausforderung: Wie gelingt es, das Chaos im Kinderzimmer zu bändigen? Warum beginnt jeder Morgen so stressig? Und die zentrale Frage: Was kann ich konkret tun, um mein Kind gut zu begleiten und dabei selbst nicht auf der Strecke zu bleiben?

Erhältlich bei www.tredtion.de /www.elternleben.de oder im Handel ISBN 978-3-7497-7494-4 / Seiten: 104

MEIN KIND KOMMT IN DIE KITA
Für einen guten Kita-Start

Euer Kind soll in einer Krippe oder in einem Kindergarten betreut werden? Mit dieser Entscheidung beginnt ein neuer Familienabschnitt. Mütter und Väter haben viele Fragen zu diesem neuen Lebensabschnitt: Wie finde ich die passende Kita? Wie funktioniert die Eingewöhnung? Für welches pädagogische Konzept soll ich mich entscheiden? Was braucht mein Kind in der Kita? Der Eintritt in die Kita-Zeit soll Eltern und Kindern gut gelingen.

Erhältlich bei www.tredition.de / www.elternleben.de oder im Handel ISBN 978-3-7497-3535-8 / Seiten: 76